Joseph von Görres

Zur Wittelsbacher Jubelfeier

Der Kurfürst Maximilian der Erste an den König Ludwig von Bayern, bei seiner Thronbesteigung

Joseph von Görres

Zur Wittelsbacher Jubelfeier
Der Kurfürst Maximilian der Erste an den König Ludwig von Bayern, bei seiner Thronbesteigung

ISBN/EAN: 9783743635074

Hergestellt in Europa, USA, Kanada, Australien, Japan

Cover: Foto ©ninafisch / pixelio.de

Weitere Bücher finden Sie auf **www.hansebooks.com**

Zur

Der Kurfürst
Maximilian der Erste
an den König
Ludwig von Bayern,
bei seiner Thronbesteigung.

Von
Joseph von Görres.

---・---

Neue Auflage.

Regensburg.
Druck und Verlag von Georg Joseph Manz.
1880.

Nec tibi quod liceat, sed quid fecisse decebit occurrat.

Claudianus.

Es wird gewiß als ein eigenartiger Gedanke erscheinen, den alten Görres sozusagen aus seinem Grabe erstehen und zur Wittelsbacher Jubelfeier eine Festschrift darbringen zu lassen. Görres war weder Bayer von Geburt, noch eigneten ihm, dem feurigen Rheinfranken, die milden Tugenden, welche dem edlen Bojuwarenstamme nachgerühmt werden. Und doch ist Görres während der zweiten Hälfte seines Lebens zu einem wirklichen Altbayern geworden, einmal dadurch, daß ihm das süddeutsche Königreich eine wahre Heimath und beständiger Wohnsitz während dieser Zeit gewesen, dann aber ganz besonders durch die dankbare Liebe und Verehrung, mit der er an dem Wittelsbacher Fürstenhause und dem von ihm beherrschten Volke hing. Görres war nichts weniger als Kosmopolit, und der Verlust der rheinischen Heimath hatte seinem Herzen tiefe, zeitlebens unvernarbte Wunden geschlagen; allein die Gestaltung der politischen Verhältnisse in seinem engeren Vaterlande, die Disteln und Dornen, welche ihm seine bisherigen Bestrebungen und Arbeiten eingetragen, drängten dem großen Manne die Ueberzeugung auf, daß nur in einem katholischen Lande, unter einem hochherzigen Fürsten, seiner Wirksamkeit sich die großgezeichneten Bahnen eröffnen könnten, die er als sein Lebensziel erkannt hatte. Bayern gebührt der Ruhm seine und Görres' gegenseitige Bestimmung durch die Berufung des Geistestitanen an die Hochschule seiner Hauptstadt verwirklicht zu haben.

Kein Geringerer als Sailer, jene erhabene Priestergestalt, die „in Einfalt und Liebe wie die Geister so die Herzen (dem Kreuze) bezwungen," erfaßte zuerst die Idee, Görres für Bayern zu gewinnen. Sobald er durch Clemens Brentano erfahren, daß der große Verbannte Straßburg aus Rücksichten auf seine Gesundheit verlassen wolle, nahm er sich vor, seine durch die preußische Achterklärung schwierig gewordene Sache bei König Ludwig zu betreiben. Vorläufig sollte ihm wenigstens ein freier Aufenthalt in Bayern erwirkt werden, „bis der Berliner Grimm besänftigt" wäre, eine spätere Anstellung aber dabei im Auge behalten bleiben. Trotz der stürmischen Bitten Brentanos, war Görres nicht zu bewegen, selbst einen Schritt in dieser Angelegenheit zu thun. „Ich will in keines Fürsten Dienste gehen", antwortete er dem Freunde, „höchstens ein freies Verhältniß, wenn einer Vertrauen zu mir hat, um da und dort einiges Gute in seinem Lande zu wirken." Auch Sailer glaubte, daß der Zeitpunkt der geplanten Anstellung Görres' in München noch nicht gekommen sei. „Ach wie viel Gutes könnte Görres hier in Land und Leuten anregen, aber es dürften sich von Außen große Hindernisse gegen ihn erheben," so schrieb er noch um die Mitte des Jahres 1826 an Melchior Diepenbrock, der gleichfalls in der Sache thätig war. Allein bereits am 20. August desselben Jahres erhielt Görres von dem Direktor des bayrischen Studienwesens, dem bekannten Convertiten und Dichter Eduard von Schenk, ein Schreiben, worin ihm unter den schmeichelhaftesten Ausdrücken, die königliche Entschließung bezüglich seiner Anstellung als Professor an der von Landshut nach München verlegten Ludwig-Maximilians-Universität mitgetheilt wurde. In der Wahl der zu tradirenden Fächer sollte ihm volle Freiheit gelassen werden, nur müsse unter den zu haltenden Collegien sich auch ein historisches befinden. Wenn auch nicht als unnachlässige Bedingung, so war es doch dem Schreiben als „Wunsch" des Königs beigegeben, daß Görres ein amtliches Zeugniß, oder irgend eine officielle Erklärung von Seiten der preußischen Regierung sich erwirke, daß seinem Eintritt in den bayrischen Staatsdienst kein politisches Hinderniß im Wege stehe, und er auch keine weiteren

VII

direkten oder indirekten Einschreitungen zu gewärtigen habe. Görres faßte nun, wiewohl mit innerem Widerstreben, eine Eingabe an König Friedrich Wilhelm III. ab, worin er nochmals die Grundlosigkeit der ihm zur Last gelegten Vergehen nachwies und den König dringend bat, die gegen ihn beschlossenen Maßregeln aufzuheben. Eine Abschrift dieser Eingabe schickte er zugleich mit einem Dankschreiben an den Ministerialrath von Schenk, worin er einstweilen noch Ausstand für seine endgültige Entscheidung bezüglich der Annahme der ihm angetragenen Professur erbat. Görres' Eingabe an den König von Preußen wurde abschlägig beschieden; ebenso wenig hatte ein, an den Justizminister, Graf von Dankelmann gerichtetes Gesuch Erfolg. Als letzten Versuch in dieser Sache sandte Görres eine zweite energische Vorstellung an Preußens König, die lange unbeantwortet blieb und schließlich kurzweg abgewiesen wurde.

Gegenüber diesem, zum mindesten äußerst kleinlichen und engherzigen Benehmen der preußischen Regierung, erscheint die Handlungsweise

König Ludwigs überaus edel und hochherzig, indem er unter dem 26. März 1827 Görres eröffnen ließ, daß er auch so keinen Anstand nehme, die projektirte Ernennung vorzunehmen und nur die Nachsuchung des zur Bekleidung von Staatsdiensten erforderlichen bayrischen Indigenats verlange. In letzter Stunde machte der preußische Gesandte in München noch Vorstellungen gegen Görres' Berufung, die aber Dank der Festigkeit König Ludwigs und seiner Räthe den Abschluß der Verhandlungen nicht mehr aufzuschieben vermochten.

So wurde Görres durch die Bemühungen eines Wittelsbacher Fürsten ein Bürger des Landes, von dem er hoffte, daß das Heil für die Kirche Deutschlands daraus hervorgehen werde. Ueberall, wohin die Nachricht von seiner Ernennung zum Professor einer der ersten deutschen Hochschulen hindrang, wurde sie mit hoher Befriedigung aufgenommen und alle Gutgesinnten freuten sich, daß der große Gelehrte nun „sein Pfund dem Vaterlande wuchern lassen" konnte. Nicht der Letzte in der Kundgebung dieser Freude war „der herrliche, ehrwürdige Mann", von dessen Landsitze bei Regensburg aus Schenk an Görres das Endergebniß der lange schwebenden Verhandlungen berichtete. „Gestern Morgens noch" — so schrieb Sailer in einer Nachschrift zu dem Briefe Schenks — „war ich über Ihr schönes Loos ungewiß; Mittags sah ich Schenk, und sein erstes Wort war: Görres ist unser. Ich danke Gott und dem Könige und Freund Schenk."

Nicht ohne wenigstens indirekten Einfluß auf die Berufung Görres' war die kleine Schrift gewesen, welche wir dem Meister und Bayerns Königshause zu Ehren, als Festgabe zum Wittelsbacher Jubiläum wieder abdrucken lassen. Sie erschien gleichzeitig mit dem Regierungsantritt König Ludwigs I. im Novemberhefte der Zeitschrift ‚Katholik' 1825. Niemand, am allerwenigsten Görres, dachte damals daran, daß dieselbe zum Anknüpfungspunkte von Beziehungen und Ereignissen werden könne, wie sie im Vorhergehenden geschildert wurden.

Der Aufsatz wurde unter dem frischen Eindrucke der großen, freudigen Erwartungen abgefaßt, welche man allenthalben im Reiche auf den jugendlichen König setzte. Seine vorzügliche Erziehung, seine großen Geistes- und Herzensanlagen, zumal aber seine innigen Beziehungen zu Männern wie Sailer, ließen mit Recht hoffen, daß die vom Josephinismus und Illuminatismus bedrängte Kirche Bayerns, nunmehr einen freieren Aufschwung zu ihrem eigenen Heile und dem Wohle der katholischen Kirche im übrigen Deutschland nehmen könne. Görres war durchdrungen von dem Bewußtsein, daß es der Beruf des wahren Publicisten sei, auch Königen und Fürsten ihre Regentenpflichten, im Interesse des öffentlichen Wohles öffentlich vorzuhalten, respektvoll in der Form, aber mit Freimuth und Entschiedenheit. Caesar non est supra grammaticos; so hatte er es gehalten im ‚Rheinischen Merkur' und diesem Grundsatze war er treu geblieben. Für seine „Standrede an König Ludwig" wählte er eine Form, die vielfache Aehnlichkeit hat mit der berühmten ‚Proclamation Napoleons an die Völker Europas vor seinem Abzuge auf die Insel Elba' und gleich ihr stilistisch zu den glänzendsten Erzeugnissen seiner vielgewandten Feder gezählt wird. Anknüpfend an die Regierungsinstruktionen Maximilians I für seinen Sohn, beschwört er die Manen des großen Bayernfürsten herauf, um ihm „für den späten Enkel" Worte der Belehrung und Warnung in den Mund zu legen, die in ihrer Gesammtheit einen Fürstenspiegel bilden, wie er für alle Zeiten gültig bleiben wird.

In Allem ein gerader Gegensatz zu dem berüchtigten ‚Il principe' von Macchiavelli, fußt der von Görres gezeichnete Fürst auf den ewigen, unwandelbaren Principien der Wahrheit und Gerechtigkeit, unbeirrt durch die moderne Doctrin von der Staatsraison, dem eigennützigen Calcul des größeren oder geringeren Vortheils. Der Kirche gibt er „ihren Theil, ein volles Maaß und ein gerüttelt Maaß, wie es die Gerechtigkeit verlangt und die Billigkeit gebietet." Darum hört er nicht auf diejenigen, welche suchen „stete Besorgnisse vor den Listen und Umgriffen der Hierarchie einzuflößen, deutend nun auf das herrschsüchtige Rom, das mit seiner enggeschlossenen Priesterschaft die Welt im Netze hält, bald auf jene listige Curie, die ihre alten Ansprüche nur vertagt, aber keinen einzigen aufzugeben sich bisher verstanden hat." Glaubt man in diesen Worten nicht das Echo erst eben verklungener Kammerreden zu vernehmen? Doch wir wollen dem Leser den Genuß nicht vorwegnehmen, den er aus dem Studium des Görres'schen Fürstenspiegels schöpfen wird und ihn nicht zur Vergleichung des darin Gesagten mit den Verhältnissen der neuesten Zeit erst einladen, da sie sich „unwillkürlich aufdrängt". Görres' muthiges, ja kühnes Wort fand Eingang zum Herzen des edlen Fürsten, an den es gerichtet war. Wohl war es, wie es Görres selbst in seiner drastischen Weise bezeichnet, „ein Absud von allen stärkenden Kräutersäften zum Schweißmittel und zum Abführen, zum Präservativ und zum Gegengift;" allein König Ludwig nahm das kräftige Universalmedicament freundlich entgegen und ließ dem Erfinder desselben durch seinen Leibarzt Dr. Ringseis für dasselbe herzlich danken. „Vor einigen Tagen," so schreibt derselbe an Görres, „trug er (der König) mir auf, Ihnen zu schreiben: Ihre Abhandlung habe ihm ganz vorzüglich gefallen, es freue ihn ungemein, daß Sie so Vieles in seiner Seele gelesen haben, u. s. w." Ueber den Eindruck, den die Schrift auf Sailer machte, berichtet Brentano an ihren Verfasser: „Deine Stimme ist sehr gut aufgenommen, dem Vater Sailer hat sie ganz ungemeine Freude gemacht; Melchior las sie ihm in der Krankheit vor, er schlug oft innig in die Hände und freute sich, wie Du Alles so ganz wahr und recht eingesehen, als seiest Du ein alter Bayer und hättest alle Schmerzen mit ihm getragen."

Mit diesem Ausspruche Sailer's wollen wir denn auch diese kurze Einleitung beschließen, die zum Zwecke hat, den würdigen Abdruck dieser Görres'schen Schrift zur Verherrlichung eines bayerischen Festtages zu rechtfertigen. Möge in ihr das Herz des „fernen Abkommen" eines edlen deutschen Fürstengeschlechtes seinen eigenen Pulsschlag erkennen, möge in ihr auch sein treues Volk das Spiegelbild seines Herrschers sehen!

Das sei der Wittelsbacher Ehrenpreis!

E. K.

Der Kurfürst
Maximilian der Erste
an den König

Ludwig von Bayern,

bei seiner Thronbesteigung.

Als ich nahe dem Ziele meiner Laufbahn auf Erden zum Unterrichte meines Sohnes und Nachfolgers die Regierungsgrundsätze und Maximen, die sich mir in der Erfahrung eines langen viel bewegten Lebens als erprobt bewährt, in ein Denkbuch eingezeichnet; da war es das Wohl meines Volkes, und das daran unzertrennbar geknüpfte Heil meines Hauses, was mich dazu bestimmt. Das Wohl des Bayernvolkes, das ich auch jenseits noch im Herzen trage, und das damit eng verbundene Heil des Hauses der Wittelsbacher, in dem ich noch immer auf Erden mich lebendig fühle, hat mich bewogen, dir, dem späten Enkel, bei dieser feierlichen Gelegenheit zu nahen, und die guten Worte, die damals der Sohn mit willigem Sinne aufgenommen, auch dem fernen Abkommen in's Gedächtniß zurückzurufen.

Das sind tief bedeutsame, inhaltschwere Augenblicke, die im Wechsel der Herrschaft vorübergehen: wenn dort ein Fürst, ermüdet von der Bürde, die er ein langes Leben hindurch sorgenschwer getragen, sich in die Gruft zur Ruhe niederlegt, und seine Thaten ihm zum Gerichte folgen; hier ein Anderer mit frischem Lebensmuthe und guten Vorsätzen den Thron besteigt, der im Laufe der Zeiten schon viele Täuschungen getragen. Dann erhebt sich um die Wetterscheide, in der zwei Zeiten einander gegenübertreten, ein großes Streiten und ein reges Getümmel aller Geister; wie Freude und Trauer auf's engste sich berühren, so fordert die werdende Zukunft im Kampfe mit der zerrissenen Gegenwart die fernste Vergangenheit sich zur Helferin heraus, und wenn das Böse zur Vertheidigung seines gewonnenen Gebietes sich in seinem tiefsten Grunde rührt, so erscheint dagegen auch das Gute von verjüngter Hoffnung

angeregt, zum Streite rüstig, und frischen Muthes
voll. Dem Volke aber sind diese bewegten
Tage Merktage, die ihm die muthmaßliche
Witterung eines neuen Stufenjahres deuten.

Der Wechsel der Dinge und die Wandel=
barkeit aller menschlichen Angelegenheiten hat
solche Tage über Bayern heraufgeführt, und du,
mein Enkel, bist, ein anderer Janus, an den
Eingang des neuen Jahres gestellt! So laß denn,
wenn du nun von da selbstvertrauend das eine
Angesicht der Zukunft entgegenwendest, die be=
schlossen noch in deinem Willen ruht, das an=
dere auf die alte Zeit gerichtet sein, die rathend,
warnend, hülfreich in der Geschichte auf allen
deinen Wegen dir stets nachgeht, und wenn die
Frivolität der Gegenwart durch tausend Kehlen
lockend dich anspricht, so neige auch einmal
auf einige Augenblicke dem Ernste der Vergan=
genheit dein Ohr, wenn sie durch das Organ
des Ahnen an dich gelangt, den die Zeitge=
nossen und die, so ihnen nachgefolgt, nicht für
den Geringsten und Unscheinbarsten deines Ge=
schlechts erklärt.

Mehr als zwei Jahrhunderte sind vorbei=
gegangen, als auch er die Stufen jenes Thrones
zum erstenmal betreten, den du jetzt besteigst,
und nahe einen vierten Theil dieser ganzen Zeit
hat er dein Volk beherrscht. Stürmisch waren
seine Tage, denn schon längst hatte die große
Bewegung der Geister in der Kirche angefangen,
und indem thörichte Anmaßungen von oben
nach unten, und von unten nach oben sich wech=
selseitig herausgefordert, war jener wüthende
Kampf ausgebrochen, der die Welt umgekehrt,
und das Vaterland bis in seine tiefsten Einge=
weide zerfleischt und zerrissen hat. Aehnliche
Ursachen, wie sie in seinem Jahrhundert die
Kirche erschüttert und verwüstet, haben in dem
deinigen den Staat zerrüttet; ein gleicher Sturm
ist in den Tagen deiner Jugend über Europa
daher gefahren, und abermal hat er das träge,
versunkene Deutschland vor allen Andern am
härtesten heimgesucht.

Aber tiefbewegte Zeiten, wenn auch ver=
derblich für die Zeitgenossen, sind lehrreich für
die kommenden Geschlechter; wie die erhebende

Erde bisweilen wohl den Meeresgrund entblößt, und ihre eigenen Eingeweide dem Blicke aufgeschlossen, so werden in jenen geistigen Erschütterungen zwischendurch die Grundfesten der Gesellschaft aufgedeckt, die Gottes Hand in ihrer innersten Verborgenheit gelegt, und die großen einfachen Formen, und das lebendige Spiel der ihnen einwohnenden Kräfte treten dann erst recht an den Tag hervor, wenn die Bewegung allen Moder weggespült, und alle die Krusten zerrieben hat, womit der Menschen Willkühr und ihre kleinliche Künstlichkeit in ruhigen Zeiten sie umzogen und eingehüllt.

Also in meinen Tagen wie in den deinigen gute Lehre um theuern Preis verkauft; aber die Weisheit, wenn auch in verschiedenen Schulen erstanden, widerspricht sich nicht, sie erhärtet und bewährt sich vielmehr wechselseitig, und ist wie Satz und Gegensatz, die zur Einheit sich ergänzen. Obgleich die beiden Jahrhunderte in verschiedenen Gebieten sich versucht, haben sie doch ungefähr die nämliche Erfahrung davon getragen; das den Dingen eingepflanzte

Gesetz der Mäßigung hat ihre Ungestümen mit gleichem Erfolge abgeschlagen, und das Schwert des Richters ist über Beide ungefähr in gleicher Höhe dahingefahren. Nur was die Menschen in ihrer Tugend und Kraft gebaut, war, nachdem es in ihren Sünden hinfällig worden, beidemal ihren wilden Leidenschaften zur Zerstörung dahingegeben; aber an das Göttliche, Ursprüngliche, an die innerste Lebenswurzel hat ihre blinde Wuth nie gereicht, und was sie auch von Künsten dagegen aufgeboten, und wie tief sie es unter dem Schutthaufen, den ihr Wahnsinn aufgethürmt, begraben, es bleibt unverwüstlich in seiner Beschlossenheit, und dringt, wenn die Stürme vorbeigetobt, und der verjüngte Frühling ruft, immer wieder von neuem grünend und sprossend durch die Hülle, sprengend alle Hindernisse.

Es gibt also nur eine Wahrheit durch die Geschichte, ein Jahrhundert ruft sie dem andern zu, und eine Zeit verkündet sie der andern. Wenn daher die alte Zeit durch mein Organ ihrer Erfahrung Inbegriff, wie dem Sohne, so dem späten Nachfolger auszusprechen unternimmt, so ist es nicht neue, unerhörte Weisheit, die dadurch von außen an ihn gelangt: es ist nur seines Lebens eigenste Erfahrung; es ist nur die selbsterworbene Wahrheit, gesammelt in schwer bedeutungsvoller Zeit, die in meinen Worten ihm scheinbar äußerlich entgegentritt, so daß er wie im Zweigespräch mit sich begriffen, Hörer zugleich und Sprecher ist, und nur seines Lebens Inhalt gleichsam wie im Widerscheine an den Ergebnissen des Befreundeten erblickt.

Und wenn die Worte des Ahnherrn sich, von seinem vorherrschenden Gefühl belebt, in der Form von Erwartungen, Wünschen, Rathschlägen zusammenfügen, so soll damit weder deinem freien Entschlusse Eintrag geschehen, noch der Macht der Umstände Gewalt gethan werden: nein, hellsehend, wie die Geister sind, hat er alle seine Hoffnungen als gute Vorsätze in deinem Herzen schon gelesen, und in dieser Votivtafel vereint sie neben dem Throne aufgehängt, dem Volke zum Troste und zur Erquickung, dir zum Denkzeichen der Erfüllung auf alle deine Lebenstage.

Diese deine Tage, unter einem glücklichen Gestirne sind sie dir zugetheilt, glücklicher als jenes, das deinem verewigten Vater die seinigen getrübt. Damals ging ein wüster Geist um in allen Reichen; wo er den Fuß hinsetzte, zertrat er in einem Augenblicke, woran mühsam die Jahrhunderte gebaut; alte Bäume, die durch wenige Generationen bis zum Ursprung der Dinge reichten, wurden durch die Wuth des Sturmes entwurzelt, dem sie Trotz geboten, schwächere nur durch fügsame Nachgiebigkeit bewahrt. Da war nichts gesichert im alten Schwerpunkt, denn die Erde bebte unter dem Schreitenden; da konnten die wankenden Pfeiler ihre Last nicht ferner tragen, und in Ruinen brach der festgefügte Bau zusammen. Da galt nur die Selbsterhaltung; wie das Schiff, mit dem Untergang bedroht, erst den Ballast auswirft, und bei steigender Gefahr selbst der kostbarsten Ladung nicht verschont, so wurden auch hier die edelsten Güter der Gesellschaft hingeopfert, nur damit ihr Dasein gefristet werde. Und doch in allen diesen furchtbaren Zeitläuften, wie hat der Verewigte, umgeben von Gewalt und Freveln und wilden zügellosen Zerstörungskräften sich persönlich in der Achtung seines Volkes rein erhalten; wie hat er dadurch, daß er sein Ansehen, seine Gewalt, selbst sein Glück durch Milde zu mäßigen gewußt, sogar die Widersacher mit sich ausgesöhnt; wie hat er durch herablassende Freundlichkeit, Güte und Natürlichkeit Aller Herzen sich gewonnen, daß sie jeglicher Drangsal vergessend sein Andenken hoch in Ehren halten, und allgemeine unverstellte Trauer ihn in die Gruft hinabbegleitet.

So tritt denn du nun guten Muthes diese seine segensreiche Erbschaft an, aber wenn dein Naturell sich gern und willig der Verpflichtung fügt, sie durch dieselben Mittel zu bewahren, durch die sie zuerst erworben worden, so legt die Vorsehung, die mit glücklicheren Zeiten dich begünstigt hat, dir dazu die Verbindlichkeit noch auf, sie zu mehren, indem du im befreiten Regimente dieselben Tugenden frei entwickelst, die er in's Leben hineingetragen. Du kannst nicht milder, wohlwollender, gerechter sein, als er es selbst als Mensch gewesen; aber wenn durch dich sein Wohlwollen, und seine Milde und Gerechtigkeit im rechten Maaß in allen jenen Regentenhandlungen sich offenbaren, die in verworrene Zeitverhältnisse verstrickt, ihrer sich bisher geweigert haben, wirst du nicht blos ein Erhalter, sondern ein Wiedererbauer und und ein Mehrer sein, und du kannst freudig künftiger Rechenschaft entgegengehen.

Was du aber erbauen mögest, baue es nicht auf die fließenden Wässer und den Flug= sand menschlicher Meinungen, sondern lasse es auf Gott, die Veste aller Haltbarkeit, gegründet sein. Ich habe schon dem Sohne zugerufen, und die Stimme in deinem Innern wird es bestätigen und bewähren: „Gott, so oft er will, löset er die Gürtel der Könige, und umgürtet ihre Lenden mit dem Stricke; Alles durchschaut er, Jeglichem wägt er sein Gewicht; über Hohe und Niedere geht er in gleicher Weise zu Gericht, ohne ihn hat Niemand gut geherrscht, und Keiner noch hat mit Glück regiert, der sich ihm zuvor nicht mit ganzer Seele unterworfen."

Eins und einig aber ist Gott in seiner Wesenheit, eins und einig ist das Wort, das von ihm ausgegangen, eins und einig der Geist, in dem Beide wieder in Einheit sich verschlingen. Also sei auch die Lehre, zu der du dich mit dem größten Theile deines Volks bekennst; überall sich selbst gleich, wie die Gottheit, die sie verehrt, sei in ihr ein Glaube, wie eine Taufe, eine Gemeinschaft vom Haupte durch alle Glieder in Liebe und in Eintracht, zusammengehalten durch das gottgewirkte Band, das die unsichtbare Welt mit der sichtbaren zusammenknüpft; ein Gewächs, das gleich dem Rebstock wurzelnd in der Tiefe in zahllosen Zweigen das Laubdach schirmend um die Erde breitet.

Um diese Einheit, die Alles trägt und hält und in sich beschließt, spielt nun die bunte Mannigfaltigkeit der Welt, die der Geist nach dem Triebe, den ihm Gott eingepflanzt, gleichfalls in der ihm eigenen Einheit zu ver=

einigen strebt. Da hebt sich nun vielfältig sein Dichten und Trachten, da waltet er selbst mit schöpferischen Kräften, da trennt er und verbindet, sammelt und zerstreut, zeugt und zernichtet; da versucht sich Jeder im angebornen Talente, und Jeder muß auf eigener Mitte ruhen; keine Nöthigung gilt, die sich die Ueberzeugung nicht selbst aufgelegt, und die gesuchte Einheit will in selbsteigener Anstrengung erworben und errungen sein, und wird keineswegs als eine Gabe mitgetheilt, oder durch ein Machtgebot dem Unwilligen aufgedrungen,

Wenn daher der Glaube, seiner Natur nach innerlich frei und wesentlich befreiend, nach außen gebunden ist in der Kirche, die in allen ihren Formen sich geeinigt, und die Lehre, dem Unbestande menschlicher Meinung entzogen, in ihrer Unwandelbarkeit sich stets befestigt hält; so sei denn dagegen das Wissen, eben weil es durch die Ueberzeugung bindet, und in innerer Nöthigung die Geister zwingt, nach außen freigegeben und der Gedankenverkehr in dem ihm eigenthümlichen Gebiete durch keine unnatürliche

Schranke gehemmt und aufgehalten. Was Gott thut, ist gestern wie heute, und morgen wird es nicht anders sein, denn in ewiger Gegenwärtigkeit stehen die Dinge vor ihm ausgebreitet; wie er bei menschlicher Weisheit nicht zur Schule geht, so kann auch sein Wort ihrer Wandelbarkeit nicht unterliegen; es wird in der Kirche nicht erweitert und vermehrt, nur gedeutet und aufbewahrt. Der Menschen Thun und Treiben aber ist alles von der Zeit umfaßt; was sich in der Gegenwart begibt, knüpft sich an das, was früher da gewesen, und wie es seiner stets bedürftig zur eigenen Ergänzung ist, so wird es selbst wieder der Zukunft zu Hülfe kommen, also daß nur in der unendlichen Zeit im ungehemmten Zusammenwirken aller frei gebornen Geister ein Ganzes dem Ganzen sich erwirckt.

Darum sei du ein christlicher Fürst, Säule zugleich dem Glauben und Schützer der Geistesfreiheit, und dein Beispiel möge die Zeloten von zweierlei Art verstummen machen, die Beide mit einander unvereinbar halten. Dulde dort keine Neuerung, aber fördere hier Licht und Wahrheit, so weit dein überschauend Auge trägt; sei ein Pfleger der Wissenschaft, so tief der Geist einzudringen vermag in der Dinge Wesenheit, so hoch er athmen kann auf den Gipfeln der Gedankenwelt, überall sei ihm freie Bahn von dir gestattet, und du sollst nicht erschrecken, wenn er keck auf seinem Vorwärtsschreiten aus den gewohnten Geleisen weicht. Nur das Heiligthum des Glaubens und der Sitte soll er nicht mit entweihenden Händen anzutasten wagen, denn sie bewahren ja der Einfalt schon Alles als freie Gottesgabe auf, was er mühsam auf allen seinen Wegen kaum zu erwerben die Hoffnung hegt.

Sei auch den Künsten ein Nährvater und Beförderer; sie mögen unter deiner Pflege nach ihrer irdischen Bestimmung fortdauernd das menschliche Leben verschönern und erheitern, und nach ihrer höheren die Urquelle aller Schönheit verherrlichen: aber lasse dich von ihrem Zauber nicht über die Gebühr befangen, noch weniger gib dich dem kindisch tändelnden

Wahne der Zeit dahin, die leichtsinnig und phantastisch von ihnen alles Heil der Welt erwartet. Ernsteren Zwecken ist deine Kraft geweiht, und zwar jenen zunächst, die der Staat dir angesinnt, in dem die Vorsehung deinen Beruf dir angewiesen.

Es ist aber der Staat seiner zweifachen Natur nach zwischen die Gebundenheit der Kirche und die Freiheit des Gedankenreiches mitten inne gestellt. Denn gleichwie Gott den einzelnen Menschen aus Staub und Erde zu seinem Ebenbild gestaltet, und mit seinem Geiste ihn begeistet, so hat er die Menschen in ihren endlichen, kreatürlichen Willenskräften durch ihre Instinkte zu Staaten organisch auch verbunden, und den Gebilden den Athem des höhern Lebens eingehaucht, in dem sie sterblich zwar gleich allem Irdischen, doch auch dem Unsterblichen nahe gerückt, ein durch Jahrtausende verlängertes Dasein führen. Das göttliche Element im Staate wird also nur die Entfaltung dieses seinem Innersten eingepflanzten Lebenskeimes, die in's profane Leben hinausgetretene Religion selber

sein, und als eine andere gegen das Irdische
gerichtete Form des Glaubens mit ähnlicher
Nöthigung, wie die höhere, die Glieder unter
sich und an ihre erste Einheit binden. Der
irdische Theil des Staates aber, und Alles, was
ihm aus dem geistigen Reiche zugewachsen, die
Summe aller lebendigen Willenskräfte, die in
jenem höhern Bande ihre Vereinigung, und
damit ein gesteigertes Dasein zuerst gefunden,
wird dieselbe Freiheit wie alles Geistige mit
Recht in Anspruch nehmen, und in ihr dieselbe
fortschreitende Verjüngung und Umgestaltung in
steter Aneignung und im lebendigen Spiele
aller Kräfte und Thätigkeiten erlangen.

Du selber bist die Einheit in deinem Volke,
dir hat Gott die Herrschaft anvertraut, auf dich
hat er einen Theil seiner Oberherrlichkeit gelegt,
so zeige dich denn als seinen würdigen Vertreter
im Gebiete, das er dir anbefohlen. Halte straff
die Zügel der Gewalt, die er dir in die Hand
gegeben; dulde nicht, daß irgend ein Frevel
an deine geheiligten Rechte taste, noch daß
aufrührerische Gesinnung die Grundvesten des

Thrones untergrabe; denn die große Säule des Hauses, auf der alle Gewölbe ruhen, und die alle Wände zusammenhält, darf nie auf wankendem Grunde stehen, soll nicht das Ganze immer den Einsturz drohen.

Aber wenn du in solcher Weise im Auftrag Gottes deine Regentenrechte übst, so wolle auch deinen Unterthanen nicht mehr abverlangen, als ihnen Gott, der da ist aller Menschen Herr und Gebieter, im eigenen Regimente aufgelegt. Sieh! seine Macht kennt keine Schranken, und doch kehrt sie, verzichtend auf alle zwingende Gewalt an den Gränzen der menschlichen Freiheit in sich selbst zurück; seine Weisheit durchschaut die Abgründe der geistigen wie der natürlichen Welt, und doch läßt sie langmüthig den Geist im Irdischen seinen selbsteigenen Gedanken folgen. Nur die leblose Natur muß auf gewiesenem Wege sich bewegen, dem Menschen sind die seinigen auf eigene Gefahr hin frei gegeben; Gott führt ihn, aber er treibt und zwingt ihn nicht. So hat er es vom Anfange her gehalten, vom Ersten an durch alle folgenden Geschlechter sind sie, nach ihres Herzens Gelust, unter seiner milden Führung durch die Geschichte hingeschritten, in ihrer Freiheit ungekränkt, weil er selbst zu seinen Gnaden die freie Selbstbestimmung erwartet und in seinem Reiche zwar nicht zu Mitherrschern, wohl aber mit Kindesrecht in freiem Gehorsam zu ihrem Heile sie berufen.

Und da nun Gott, der die Menschen nicht gefunden, sondern sie hervorgebracht, in aller Geschichte herablassend, gleichsam in ständischer Mitwirkung in seinem Regimente sie zugezogen, wie wolltest du, ein Sterblicher, aus derselben Wurzel mit den andern Kindern des Staubes hervorgegangen, und einem Volksstamme auf kleine Zeit nur zum Könige gesetzt, deinen Willen über den Willen des Höchsten setzen, und in seinem Namen eine absolute Gewalt ausüben, die er sich selber nicht gestattet? Vielmehr wie er selbst väterlich herrscht, aber daneben Kindesrecht anerkennt, so lasse neben dem göttlichen Element des Staates, das von dir herab bis zur tiefsten Tiefe sich verbreitet, auch das irdische bestehen, das, von unten auf sich erhebend, sogar dich selbst in den Kreis seiner Wirksamkeit hinüberzieht, und dadurch eben den Staat in seiner zweischlächtigen Natur begründet, in der er wie jegliches Gewächs durch seine Wurzel von der Erde Mark sich nährt, aber nur, wenn er im Lichte der Himmels sich sonnet, und von seinem Thau getränkt, fröhlich gedeihen mag.

Wohl liegt in allem Besitze, wie des Goldes so der Macht, eine lockende Versuchung, ihn in's Unbeschränkte und Gränzenlose hinaus zu mehren, und gerade die Kraft und das Talent fühlt sich am liebsten im Besitze ungehemmter Gewalt, um, vom menschlichen Unverstande und Dünkel ungeirrt, heilbringende Entwürfe auszuführen. Aber mit gleichem Rechte möchte auch der Freiheitstrieb in den Untergebenen, vom Bande der Gewalt losgesagt, über alle von oben gesetzten Gränzen sich ergießen, damit gleich den Bäumen des Waldes, jeder Einzelne sich ungehemmt entwickele in aller Kraft, die ihm Gott gegeben, und vor der Rangordnung der Natur und des Lebens alle künstliche vergehe. Aber die Geschichte hat beide entgegengesetzte Ansprüche als gleich unausführbar und nachtheilig abgewiesen, und die gemischte Form, wie sie da Gott gegründet, als die für den Menschen, wie er aus Kraft und Schwäche, Tugenden und Lastern gemischt erscheint, paßlichste erklärt.

Darum wolle denn auch du die Erfahrung der Zeiten ehren, und deine Gewalt immerdar, heilsam dir selber, in deinem Volke mit gesetzlichen Schranken umhegt betrachten, und nie eigenwillig ihre Gränzsteine mißachten und versetzen. „Denn das Volk hat sich dem Fürsten nicht zur Dienstbarkeit, sondern zum Schutze übergeben, daß er nicht mit Gewalt über Sklaven, sondern mit Milde nicht blos über Bürger, sondern für sie herrscht, also zwar, daß er mehr seines Volkes wegen, als das Volk seinetwegen da ist. Solches aber wird dem Fürsten nur dann gelingen, wenn er nur will, was er darf, und immer vor Augen hat nicht nur was er muß, sondern auch was ihm gestattet ist; wenn er mithin selber gut und weise sich immerdar bestrebt, auch in sittlicher Hinsicht der Erste zu sein, in einem guten Volke der Beste, was den Gehorsam leicht, und die Nachahmung angenehm macht."

Das hast du Alles wohl erkannt und zum Voraus gründlich gut bedacht, und darum, da du eine Verfassung in deinem Lande vorgefunden, wie recht und weise war, deinen Eid auf sie geschworen. Aus den allgemeinen Abstraktionen der Zeit geschöpft, mag sie, wie alles Menschliche, ihre Gebrechen haben; aber sie soll ja das Gedeihen nicht geben, nur es vorbereiten, und darin hat sie von vielen Seiten als nützlich sich bewiesen. So ehre denn in ihr des Vaters Werk und eine Hoffnung des Volkes; erziehe in ihr den öffentlichen Geist, dem der Deutsche nur allzusehr abgestorben, damit, was durch die Unbill der Zeiten dürr geworden, durch neue Sprossen sich ersetze, und was äußerlich verwachsen, sich allmählich löse, und also die innerliche Gliederung der Gesellschaft auch nach außen wieder ihre entsprechende Form gewinne.

Gebe daher denen, die, durch ein bewegtes öffentliches Leben in ihrer Bequemlichkeit gestört, sich stets nach der alten Ruhe sehnen, kein Gehör. Auf weichem Pflaume erziehen sich, wie dem Heere, so dem Staate, nur Weichlinge, und wenn sie jetzt im Stillen, ohne Schaden des gemeinen Wesens ihre Schule machen, so muß es theures Lehrgeld für sie bezahlen, wenn die Geschichte die Erziehung übernimmt. Auch die Völker müssen, wie die Wässer, strömen, sollen sie nicht versumpfen und im Moder sich verlieren; das sitzende Leben gedeihet den Staaten so wenig wie einzelnen Menschen, und in schlaffer Wohlbeleibheit aufgedunsen, schwinden ihnen Nerv und Muskel in träger Ruhe.

Sei wachsam gegen Bosheit, wo sie im Finstern schleicht; aber lasse dich feigem Argwohn schwacher Seelen nicht gewinnen, die mit mißtrauischer Scheu jede freie Bewegung, die sich im Volke regt, bewachen. Arglos wie die Deutschen sind, verletzt sie unverdienter Argwohn in ihrem innersten Gefühle; dem Argwöhnischen verschließt sich das offene Herz, und er erfährt nun mit allen Künsten des Forschens und Erspürens nichts, als daß die Liebe und das Vertrauen unwiederbringlich verloren sind.

Eine böse Sekte ist vor mehr als einem Menschenalter in deinem Stammland hervorgegangen: ein kalter, nüchterner Verstandesfanatism hat in ihr sein Haupt erhoben; mit der Geschichte und mit Gott zerfallen, sollte der eigene Hochmuth einstehen für die Eine und den Andern; jenes Licht, das im Beginne von oben in die Finsternisse hinabgeschienen, wollte als ein Irrlicht sie bedünken; der Funken aber, der zehrend an's Irdische sich angehängt, sollte mit seinem trüben Schimmer die Welt erleuchten, und sie rüstete sich nun in denselben Formen, in denen Gott seine Kirche gründet, ihrem Aberglauben seinen Tempel zu erbauen. Die Gesellschaft als solche ist längst gesprengt, aber in den furchtbaren politischen Bewegungen, die seither die Welt erschüttert haben, sind ähnliche Bestrebungen auch anderwärts aus der allgemeinen politischen Fermentation hervorgegohren, und haben den ihrigen sich beigesellt, und so ist, was früher nur im enggeschlossenen Kreise sich umgetrieben, eine durchgreifende Richtung der Zeit geworden, die vieler Geister sich bemeistert hat, und in zahlreichen Organen sich verkündet.

Besonders damals, als in Frankreich aus der Bährmutter der Revolution jene riesenhafte Tyrannei hervorgegangen, die ganz Europa mit Heereskräften überzogen, hat diese Weltweisheit im Haupt der Bewegung schnell ihren Meister vom Stuhl erkannt, und sie hat ihm, als ihrem weitgebietenden Kaiser, von Stund an ihre Huldigung gebracht, und fortan ihm treulich angehangen, und er hat sie gehegt und gepflegt, so viel er es seinem Interesse zuträglich gefunden, und unter seinem Schutze hat sie sich aller Orten ausgebreitet, und in seinem Schatten tiefe Wurzel allerwärts geschlagen. Und als nun die Zeit gekommen, daß Europa gemeinsam gegen den gemeinen Feind aufgestanden, und glücklich dem Drachen das Haupt zertreten, da fand sich, daß er ein selbstständig Leben in

allen Gliedern schon gewonnen, und zur Stunde
noch krümmt sich sein Schweif in zahlreichen
Windungen durch alle Völker; krampfhaft zu=
ckend hält er in seinen Ringen sie umschlossen,
in alle öffentlichen Verhältnisse hat er sich hin=
eingeflochten, das ganze Leben hält er fest um=
strickt, mit dem Gifte der Willkühr scheint jede
Lebensverrichtung angesteckt, aller gute Wille
ist wie im bösen Zauber eingefangen, und alle
Kräfte wie im engen Bann gebunden, nur die
Lüge ist laut und rührig, damit das Unhaltbare
durch Trug so lange als möglich gehalten und
gefristet werde.

Da sei denn du nun ein rechter Fürst von
Gottes Gnaden; vollende, was du früher ange=
fangen, und löse, so weit dein Wille reicht,
den bösen Zauberknoten, den die Höllenmächte
Verderben sinnend und schadenfroh über die
Welt geknüpft; sei wie ein Kind in froner
Nacht geboren, das Geister sieht und Geister
unterscheidet, und bösen Trug durchschaut, und
lose Gaukelkünste leicht entkräftet; sei ein leuchtend
Zeichen am wolkenbedeckten deutschen Himmel, und

banne du diesen Teufel, der sein Netz über dein Reich wie über der Andern so viele hergeworfen, und mit ihm zahllose Bethörte sich eingefangen, die mit und ohne Wissen ihm emsig helfen, wenn er Unheil brütet. Stürze du die Willkühr, damit die rechte Herrschaft Platz gewinne, und wahre Legitimität endlich der Usurpation Meister werde. Löse diese unnatürliche Spannung, die alle Verhältnisse verrenkt und setze endlich Natur und Einfalt in ihre alten Rechte; denn besser als die losen Künste all dieser Gaukler führt einfache Wahrheit, Aufrichtigkeit und Redlichkeit zum Ziele.

Siehe! statt des alten organisch lebendigen Verbandes haben die Tausendkünstler einen furchtbaren Mechanism aufgebaut. Da rührt sich kein Glied im eigenen spezifischen Leben; keines kann in selbstständiger Kraft, umschlossen und gehalten nur von der höhern Beziehung, in Freiheit sich bewegen; Alles ist in gleicher Dienstbarkeit an eine Mitte angekettet, die mühsam mit todten Stricken das vielfach zusammengesetzte Hebelwerk bewegt. Da mag nicht Selbst=

herrschaft des Regenten, nicht gemeine Freiheit gedeihen; denn das große Schwungrad reißt so den Regenten wie die Gemeinen in seinem Umlaufe dahin, und nur die todten Kräfte herrschen, wie die Maschinenmeister sie geheißen.

So regiere denn du nicht wie Feder und Gewicht in der Uhr, sondern wie die Seele in ihrem Körper waltet; sie verdaut nicht in eigener Anwesenheit im Magen und den Eingeweiden, sie assimilirt nicht in den Gefäßen, schlägt nicht im Herzen und allen Pulsen, und will nicht überall selbst gegenwärtig den Ansatz des Stoffes und die Ausscheidung, und jegliche thierische Verrichtung ordnen und betreiben; sie überläßt das den geeigneten, obgleich ihr verbundenen Kräften in eigenthümlichen Organen, und nur, wenn irgendwo Störung und Unordnung eintritt, wird sie schnell durch das allgemeine Lebensgefühl gewarnt, und bietet das gesammte Leben gegen die Hemmniß und Irrung auf. Darum thue gleich ihr: lasse von dieser Künstlichkeit nur das bestehen, was die gesellschaftlichen Verhältnisse unabwendbar herbeigeführt; gestatte der Triebkraft der Natur, daß sie allmählich jenes Gerüst durchbreche, und das Erstorbene wird sich schnell begrünen, was jene zur todten Mechanik herabgewürdigt, wird wieder eine freie Kunst; die Geister, die in schlechter Theorie und böser Praxis sich krumm gezogen, richten sich langsam wieder auf, und die That macht durch die Buchstaben sich wieder Raum.

Du hast mit löblicher Weisheit deine erste Sorge auf Ersparnisse im Haushalt des Staates gerichtet, weil du das Verderben in seiner innersten Wurzel gar wohl erkannt. Alle Gaben der Erde sind aus reichem Füllhorn über Deutschland ausgegossen, aber das Land erstickt im Fette, weil wechselseitige Eigensucht allen Umlauf der Güter unterbunden und abgedämmt. Da versiegen denn nach und nach alle Ströme des Wohlstandes, die einst so hoch gegangen; die versandeten Wässer schleichen langsam im seichten Bette, und vermögen ihre Anwohner nicht länger mehr zu nähren; die Wurmtrockniß hat den alten hercynischen Wald ergriffen, und auf fünfzig Tagreisen hin, so weit er sich ausdehnt, dorrt langsam Zweig um Zweig und Ast um Ast. Sie sagen, die Nothdurft gebiete es also, und es sei das unabänderliche Schicksal der Zeit; aber jene greuliche Hoffart des äußerlichen Lebens, die in allen öffentlichen und Privatverhältnissen mit eitelem Prunke einherstolzirt, straft den hartherzigen Ausspruch Lüge.

So breche denn du diese vermeinte Nothdurft, daß die Noth durch dein Beispiel für groß und klein ein Spiegel der Tugend werde; in allem Andern kann Uebertreibung irre führen, der beste Wille kann an der Macht der Umstände zu Schanden werden; hier nur bist du völlig Herr und Meister, denn dem wirklichen Bedürfniß vermag selbst übertriebener Eifer nichts abzudingen. So brauche denn das heilende Messer, schneide tief in's faule Fleisch, lasse dich den bösen Stank nicht schrecken, der dir entgegenkommt, noch das Zucken des Schmerzes, das dich entwaffnen möchte, lasse dich von

Schwierigkeiten auf deinem Wege nicht irren, wende erst, wenn du bis zum frischen Leben vorgedrungen. Dann kannst du heitern Angesichtes deiner ersten Ständeversammlung entgegentreten; sie wird nicht genöthigt sein, dir künstlich und ängstlich kleinliche Zugeständnisse abzudrängen; frank und frei wirst du deine Gabe ihr entgegenbringen, und ihr wird das Geschäft nur bleiben, ihre beste Anwendung auszumitteln. So wirst du ein Segen deinem Volke, dem gesammten Deutschland aber ein großes Beispiel sein.

Hast du durch solche Vorkehr, so viel dir gestattet ist, dem Wohlstand der Gemeinde vorgesehen, so erhalte ihr mit allem Fleiße die gute Gerechtigkeitspflege, „damit dem Reichen kein Unrecht geschehe, der Gemeine von Schmach frei bleibe, die Unschuld nicht mit Füßen getreten, Keiner, der am Bösen nicht Theil genommen, verurtheilt werde, und Niemand ungehört und unvertheidigt zu Grunde gehe." Gehandhabt im öffentlichen Interesse werde das Recht auch öffentlich gesprochen, und dein Volk muß erstarken in mannhaften Selbstvertrauen, wird es zum Urtheil beigezogen, damit in seinem gesunden Sinne und praktischen Hausverstande die Spitzfindigkeit der Schule Gränze und Haltung finde.

Dem Wehrstande Sorgfalt und jegliche Achtung, die ihm gebührt; es wäre hart, die im Kriege willig ihr Blut hergeben, im Frieden als lästige Verzehrer auf Seite zu setzen und zu vernachlässigen. Aber du hast schon bewiesen, daß leerer Waffenprunk dein Auge nicht besteche, und jenes Gespenst des Krieges, das verderblich mitten durch den Frieden zieht, kein ergötzlich Schauspiel dir bereite. So wäge denn ab mit Weisheit, was des Landes Bedürfniß fordert und gestattet, was kluge Vorsicht verlangt, und wohlverstandene Sparsamkeit erlaubt; wolle nicht, daß die Nation in Masse schon dem Ernst des Krieges pflichtig, auch im Frieden im leeren Spiele sich erschöpfe, und die Zurüstung zu künftiger, blos möglicher Noth, schon zum Voraus die Hülfsmittel der wirklichen aufzehre. Denn der Krieg wird um des Friedens wegen

geführt, der Frieden aber ist nicht da, um allein
dem künftigen Krieg zu fröhnen und ihn vor=
zubereiten.

Ehre deinen alten Adel; er ist, deinem Ge=
schlechte ebenbürtig, mit ihm aus den heroischen
Zeiten heraufgekommen, und als Genosse seiner
Thaten spiegelt er des Stammes Ehre im Wider=
schein. Du wirst hierin wie in allem Andern
dein Ohr nie dem Geschwätze jener groben
Naturalisten neigen, die nichts anerkennen, als
was wägbar ist, und sich zählet und summirt,
und weder Oben noch Unten, weder Geschichte
noch Zukunft gelten lassen; dein eigenes Recht
wäre nach solcher Weisheit auf den bloßen
Zufall nur gegründet. Aber wenn du im Adel
die Genossen deines Hauses und die Zeugen
der Vergangenheit deines Volkes mit allem
Rechte ehrst, so wünscht dies Volk mit gleichem
Zuge, in ihm nicht blos seine alten Würden,
sondern auch seine Ehren und Verdienste in
jeder Generation, so viel es beim Wechsel
menschlicher Dinge möglich ist, wiedergeboren
und verjüngt zu sehen; denn erloschen ist ihm

jegliches Geschlecht, in dem die Ehre ausgestorben, Schild und Helm ist mit dem letzten Würdigen zur Gruft gegangen, und gerade so weit die Entartung vorgeschritten, so weit ist auch der Adel ausgelöscht. Auch ist es gemeine Lehre, daß nie ein Vorrecht ohne eine daran geknüpfte Vorpflicht im Staate als gültig sich bewähre, und die Meinung übt scharfes Richteramt, wenn die Anmaßung nur das eine geltend macht, und über die andere sich erhaben glaubt; und nun edelgeborne Untüchtigkeit sich an die unrechte Stelle drängt.

Achte jegliches Talent und jedes Verdienst in deinem Reiche; es ist der Adel, den Gott vertheilt, und gewährt darum höhere Auszeichnung als jede Würde, die der Staat verleiht. Aber soll auch dieser Adel bei dir Anerkenntniß finden, so möge er sich vor dir unbefleckt bewahren; alle guten Geister müssen Gott den Herrn loben, die aber der Schlechtigkeit sich hingegeben, sind von ihrem Meister abgefallen; sie haben mit ihren Gaben dem Bösen sich verschrieben, und sind nun des Teufels Hofgesinde.

Solchen vertraue du nie deine Ehre und deine
Macht, solchen Adel lasse nimmer deinen Thron
umstehen; wie klug und verschlagen und welt=
kundig sie sein mögen, sie bringen Verderben
denen, die mit ihnen gemeine Sache machen.

Darum auch lasse dir jene frechen Glücks=
pilze nicht nahe kommen, die im Verderben der
letzten Zeiten aufgeschossen. Aus fremder Ver=
derbniß ist ihr Same herübergeweht, und hat
im Schlamme der Sündfluth, die über Deutsch=
land hergestiegen, fest gehaftet; in der Ver=
moderung der alten Formen hat er zuerst Wurzel
gefaßt, in Fäulniß und geistiger Auflösung sind
die Giftschwämme dann geil aufgeschossen, in
Raub und Gewalt, und aller Schlechtigkeit und
Nichtswürdigkeit haben sie sich gemästet, und
wie die Adern der Verderbniß versteckt unter
der Oberfläche das gesammte Vaterland durch=
ziehen, werden ihre Züge überall durch diesen
Schimmel bezeichnet, der feist und schillernd in allen
Farben blüht, aber bei jeder Berührung in Jauche
leicht zerfließt, in der eckles Gewürm sich regt.
Lasse Unbescholtenheit und Rechtlichkeit wieder

in deinem Lande blühen, und diese Schmarotzerpflanzen werden von selbst abdorren und vergehen.

Hast du dem Staate in solcher Weise überall gegeben, was des Staates ist, und der Erde, was der Erde angehört, so gib auch dem Himmel, was sein eigen ist, und der Kirche ihren Theil, ein volles Maaß und ein gerüttelt Maaß, wie es die Gerechtigkeit verlangt, und die Billigkeit gebietet. Siehe dein Volk, es ist in seiner gesunden noch grünenden Wurzel ein religiöses Volk; mitten im Umsturz der äußern Formen ist es dem Glauben seiner Väter treu geblieben, und was sie auch gethan, ihre falsche Aufklärung ihm anzuschwatzen, es ist Alles an ihm vorbeigegleitet; nur äußerlich ist vielfache Verwilderung eingedrungen, im Kerne ist Alles, wie es zuvor gewesen. Und ist das Volk noch dasselbe, und sein Glaube noch der nämliche, ist denn die Kirche eine andere geworden, und hat ihr Verhältniß zum Staate sich also umgekehrt, daß er ihr befreundet zuvor, aus Noth jetzt feindselig entgegentritt? Hegt sie böse Tücke etwa im Herzensgrunde, daß er sie in schimpflicher Dienstbarkeit erhalten muß, oder hat sie auf Kundschaft in's Reich sich eingeschlichen, daß er mißtrauisch durch seine Polizei sie zu bewachen sich gedrungen fühlt? Ist etwa ihr Oberhaupt noch immer in den Fesseln Napoleons, und die politische Sekte muß die Dekrete ihres Herrn und Gebieters noch vor wie nach aller Orten in Vollziehung setzen?

Blicke hinüber nach Belgien, sie haben dort seine organischen Dekrete wieder hervorgerufen, und nach ihnen einen Erzbischof, zwar nur im Bilde, weil er sich durch die Flucht entzogen, am Pranger ausgestellt; Generalvikare, die die Rechte der Kirche zu handhaben versucht, haben sie in die Gefängnisse geschleppt, und unter legalen Formen jegliche Gewaltthat gegen die Diener des Altares ausgeübt. Längst entrüstet, daß die Kirche die Erziehung ihrer Diener ihrem verderblichen Einflusse gänzlich verschließt, haben sie neuerdings dort den Bischöfen das durch alle feierlichen Traktate gewährte canonische Recht der Lenkung und Leitung des Unter=

richtes in ihren Seminarien abgedrungen, und die=
sen an die ihrem Einfluß gänzlich entzogenen öffent=
lichen Schulen zu knüpfen sich bemüht. Auch zu
diesem Zwecke wird keine Gewaltthat gescheut,
die bisherigen Erziehungshäuser werden durch
die bewaffnete Macht gesprengt; Alle, die zu
widersprechen wagen, vor die Gerichte geschleppt,
und unter dem Vorwande von Umtrieben und
Missionen alle reisenden Priester beinahe vogel=
frei erklärt. Furchtbare Verblendung! die zu
unnatürlich ist, um nicht von Gott selbst ver=
hängt zu sein; schrecklicher Kreislauf der Dinge,
in dem jede Bethörung, jeglicher Frevel, jeder
Mißbrauch der Gewalt in jeder Generation
immer von neuem wiederkehrt, und die Sün=
den der Väter den Kindern nicht einmal die
Klugheit erwerben, zu meiden, was sie unter
ihren Augen furchtbar büßen gesehen. In
allem Diesem, und in so viel Anderem, was
geschieht, drückt der alte Fluch noch immer
auf Europa fort; denn Napoleon herrscht in
ihm noch glorreich, ob sie ihn gleich auf jener
Felseninsel verscharrt zu haben wähnen.

Wie sie es hier halten, und unbeschadet der liberalsten Gesinnungen in Vollziehung setzen, so möchten sie es allenthalben ausführen, wo sie die Macht erlangt und des Vertrauens der Regierungen sich bemeistert haben. Darum suchen sie stete Besorgnisse vor den Listen und Umgriffen der Hierarchie einzuflößen, deutend nun auf das herrschsüchtige Rom, das mit seiner enggeschlossenen Priesterschaft die Welt im Netze hält, bald auf jene listige Curie, die ihre alten Ansprüche nur vertagt, aber keinen einzigen aufzugeben sich bisher verstanden hat. Sie hören nicht auf, zu reden von der unwider=
stehlichen Kraft, die unausgesetzt die katholische Kirche in ihrer Einheit und innern Consequenz, in ihren abergläubischen, durch Alles hindurch=
greifenden Lehren, in der Herrschaft über die Gemüther durch ihre mancherlei Heilsanstalten und im blinden Glauben des Volkes finde, und die früh oder spät jene furchtbaren Kämpfe des Mittelalters erneuen, und Europa wieder entzweien und verwirren werde.

Längst hast du die Trüglichkeit dieser Reden

durchgeschaut, und weißt was Wahrheit an ihnen ist, und womit böse Tücke und seichte Oberflächlichkeit das Wahrhafte verfälscht hat und umgekehrt. Wohl bildet die Geistlichkeit eine geschlossene Gesellschaft über die ganze Welt; aber soll Gottes Reich etwa in einen Winkel verwiesen sein, oder sollen viele Götter herrschen auf der Erde, wie viele Könige regieren, damit die Universalmonarchie des einigen Gottes ihnen nicht gefährlich werde? Sollen darum, weil eine solche Gesellschaft der gemeinen, schlecht gehüteten Freiheit gefährlich werden kann, ihre Glieder, wie ehemals die Judenschaft, zu des Reiches Knechten erklärt, schimpflicher Dienstbarkeit erliegen? Soll der Umlauf der geistigen Güter größere Hemmnisse erfahren, als der Umlauf der irdischen, den auch eine große, über die Erde verbreitete Genossenschaft betreibt, die sich stets mehr unter wenigen Häuptern zusammenthut? Soll die Kirche das Band der Einheit lösen, mit dem sie Gott gebunden, damit menschlicher Dünkel freien Raum gewinne, den Pfauenspiegel irdischer Weisheit in ihr auszubreiten? soll sie mit frevler Hand die Liebesfäden selbst durchreißen, in denen sich sie durch die Gemüther untereinander und mit Gott verknüpfen, blos damit weltlichen Bildungskräften freiere Bahn sich öffne, und profane Polizeikünste und der äußere Zwang des Gesetzes den innern Zug der Liebe durch gewaltsame Pressung ersetzen mögen?

Wohl ist von je der Hochmuth die Klippe gewesen, an der die Priesterschaft leicht Schiffbruch gelitten. Da sie mit hohen Dingen stets beschäftigt ist und vorragend über die Gemeinde das Haupt näher zum Himmel trägt; da sie ihre Einsetzung von Gott selbst ableitet, und unter fortdauernder Einwirkung seines Geistes, im Opfer stets den Verkehr beider Welten vermittelnd, geweihte Hände ihm entgegenhebt, so kann es ihr nur allzu leicht begegnen, den Geist Gottes mit dem eigenen Geiste zu verwechseln, die Weihe des Berufes mit der Person zu vermengen, und statt, wie der Meister ihr geboten, durch freiwillige Erniedrigung allein zu herrschen und in der Demuth ihren Stolz zu suchen,

hochfahrend ihres Amtes sich zu überheben,
und seine Verrichtungen in einem Gebiete aus=
zubreiten, von dem es seiner Natur nach noth=
wendig ausgeschlossen bleibt.

Aber dieser Ausartung des geistlichen Sin=
nes stehen andere Gebrechen der weltlichen
Macht entgegen, die ihrem Wesen gleich natür=
lich angehören, und daher wie böses Unkraut
beinahe in allen Zeiten und an allen Orten
aufgegangen, wo strenge Zucht und die rechte
Furcht sie nicht niedergehalten. Ihrem Wesen
nach ist diese Gewalt an's Irdische angewiesen,
und da übt denn die Tiefe ihre Macht; aus
dem Abgrund, wo Alles haußt, was von Gott
abgefallen, steigen wilde Geister auf; böse
Leidenschaften lösen sich von der Kette los, in
die Religion und Gesetz und Sitte sie geschlagen;
da erhebt schnöde Tyrannei das Haupt, und
Alles soll sich vor der ungebundenen Willkür
beugen; da wird der Gottesfrieden frech ge=
brochen, denn die Gewalt will kein Gottesrecht
über sich erkennen; die Raubsucht greift nach
jeglichem Gut, auf das die kirchlichen, wie die

gesellschaftlichen Anstalten gegrundvestet sind; alle Aemter werden Pfründen, die schmutzige Habsucht verkauft, oder die Niedertracht erwirbt; denn nur die gröbsten Motive werden anerkannt, und höhnisch alle Ansprüche des Höheren abgewiesen. Was die Gewalt in solchen Zeiten nicht vollbringt, das unternimmt der Betrug gern auszuführen, weil dem Uebermuthe physischer Kraft und der sinnlichen Trunkenheit, in der sie sich berauscht, willig die nüchterne Arglist sich beigesellt, wie das Schakal sich gern zum Löwen hält, um Theil an seiner Beute zu gewinnen.

Es konnte nicht fehlen, daß in jenen Jahrhunderten, wo die eine Macht wie die andere, jede über eines Menschen Haupt gesammelt war, die menschliche Schwäche nur allzu oft ihr Recht geübt, und bald den Einen zu hoch über sein Gebiet hinausgetrieben, bald den Andern zu tief in die Pracht der Welt hinabgezogen, und nun in der Aufhebung des Gleichgewichts große Bewegungen die europäische Republik erschütterten. Und es begab sich, was die

Geschichte aufgezeichnet: es zuckten die Blitze des Bannstrahls und der Reichsacht sich kreuzend durcheinander, es erhoben sich Gegenpäpste und Gegenkaiser; die Völker schieden sich in Faktionen und Parteien, die sich wie die Häupter in bitterem Haß befehdeten; Fürstenhäuser stürzten, und andere wurden aus dem Dunkel hervorgehoben, und alle Greuel des Bürgerkrieges verwüsteten die Welt. Wenn die Päpste einmal die Veranlassung herbeigeführt, so hatten ein andermal die Kaiser die Verantwortung sich aufgeladen; bisweilen gefielen Beide sich gleich sehr im Unrecht, und Jeder verneinte übertreibend in der Hitze des Streites jede rechtliche Befugniß des Andern und warf sich selber zum alleinigen Machtgebieter auf. Gottes Gericht aber schwebte über den Streitenden, und gab, wie immer, jedem Unmäßigen sein Maaß, und jedem Frevel seinen Lohn.

Längst ist dieser Kampf nun ausgestritten, das Kaiserreich ist in viele unabhängige Fürstenthümer aufgelöset, aber auch die Hierarchie ist in der Mitte durchgebrochen. Die eine Hälfte, die im protestantischen Norden sich gänzlich von der andern abgelöset, hat mit allen Hülfsmitteln, die die Welt und die steigende Civilisation gewährt, mit allem dem Uebergewicht, den ihr die vorherrschend irdische Richtung der Zeit gegeben, sich mit ihr in entschiedene Opposition gesetzt; gegen ihr über aber ist die alte Kirche einzig auf den Süden nur beschränkt, und auch hier kämpfend mit vielfältigem Widerspruche, der in ihren Umkreis eingedrungen, gehemmt durch mancherlei Eifersucht, bedroht überall von feindselig sich auflehnenden Kräften; durch ihre Lehre noch immer im Streite, wie mit dem Stolze, so mit allen Leidenschaften, überdem beinahe überall von den irdischen Gütern entblößet, hat sie nichts von Allem, was die Welt zu geben pflegt; nur die Wahrheit ist auf ihrer Seite, die Verheißung ihres Gründers ist die einzige Bürgschaft, auf die sie vertraut, die Reinheit und Göttlichkeit ihrer Lehre ist ihre Sicherheit, und so hat sie längst schon jene weltliche Rüstung abgelegt, die sie bisweilen zum Angriffe gebraucht, die ihr aber öfter der kriegerische Geist der Zeiten und ihre Unbändigkeit zur Abwehr aufgedrungen.

Und doch will das Sturmlaufen auf die Friedliche immer noch kein Ende nehmen, und die Feigheit hört nicht auf, an der Wehrlosen all ihren Muth auszulassen. Es ist vorlängst ein Geschrei in die Lande ausgegangen, das Schiff Petri sei gestrandet, und da lauft alles lose Gesindel zu, um Strandrecht auszuüben. Zum Prätorium strömt der gelehrte Pöbel hin, denn es hat sich das Gerücht verbreitet: sie haben die falsche Prophetin eingefangen, und auf Gabbatha soll sie gerichtet werden. Da ist sie jeder Erniedrigung Preis gegeben, jeder Elende darf mit seinem Geifer sie beschmitzen; die Schergen der Gewalt schlagen sie mit Backenstreichen; Herodes mit dem Hofgesinde höhnt und sieht spöttisch auf sie herab, und der Sanhedrin der Pharisäer und Sadducäer klagt sie heftig an, wie sie durch das Vorgeben, sie sei aus der Wahrheit gekommen und vom lebendigen Worte ausgegangen, das Volk aufrege, und fälschlich Gottes Kindschaft in Anspruch nehmend, sich selbst eigenmächtig zur Königin aufwerfe Aller, die ihrer Stimme Folge leisten; wer aber Königsrecht anspreche, und damit das Volk abwendig mache, sei den Königen nicht hold, und müsse gekreuziget werden. Und mitten im Tumulte stehen die Ueberklugen, fragend: was ist Wahrheit? und wollen sich ihre Hände in Unschuld waschen.

Du wirst dich Diesen nicht beigesellen; alle edleren Naturen, selbst unter denen, die sonst mit ihr in Opposition entzweit, doch jegliche Unbill und jedes Unrecht hassen, halten mit der Verfolgten, weil sie sie streitend mit dem Hochmuth der Welt um das höhere Leben im ungleichen Kampf erblicken; auch du wirst zu ihnen stehen, und ist die Marterwoche erst vorbeigegangen, mit ihnen das Fest der Auferstehung feiern. Blicke auf! der Winter neigt zu Ende, der kürzeste Tag ist schon vorbeigegangen, die neue Sonne will mit Macht sich heben, vor ihrem wachsenden Lichte kürzt sich die Erdennacht, die Nebel sinken, die Ideenverwirrung beginnt allmählich sich zu lösen und zu klären, und wie der innere Geisterhimmel sich mehr und mehr erheitert, treten auch die ewigen Sterne heller zur Sichtbarkeit hervor, und das befreite Auge schaut tiefer und tiefer in Gottes Wesen und die Abgründe seiner Fügungen hinein.

Wie nun deine Herrschaft mit dem neuen Jubeljahr beginnt, so sei fortan Führer und Haupt der Himmelszeichen, durch die es sich in seinem Verlauf bewegt. Sei ein Schirmvogt und Hort des Glaubens, damit Bayern wieder werde, was es zuvor gewesen, ehe sie das Gegentheil ihm angelogen, ein Schild und Eckstein der deutschen Kirche. Alle die Tage deines Lebens hast du, selbst Zeuge, wahrgenommen, wie die Welt ihren Thurm jener Felsenveste entgegen aufgebaut; aber wie sie sich gemüht, sie ist zur Stunde nicht zum Ziel gelangt. Als sie den Bau zum Höchsten hinaufgeführt, und schon den Spruch zu thun sich vorbereitet, hat ein Sturm vom Himmel das Werk der Erde gleich gemacht; es ist nichts geblieben, als die Sprachverwirrung, und sie können sich, was sie auch thun und unternehmen, zum Fortbau nicht verständigen. So führe denn in Zeiten dein Volk zum wenigsten ab vom fruchtlosen Unterfangen, und lasse sie an Gottes Reiche bauen, denn nur solcher Bau ist auf die Dauer und gesegnet.

Wolle nicht gestatten, daß der Christen Recht allein im bürgerlichen Leben gelte, das Staatsrecht aber heidnisch sei. Was soll's, wenn dem Volke von Religion, Tugend und Sittlichkeit gepredigt wird, der Staat aber vor seinen Augen dem Baal auf allen Höhen Altäre baut und Opferfeuer zündet. Soll nur der Einzelne entsagen, die Gesammtheit aber ohne Scheu der schnödesten Eigensucht zu fröhnen sich vermessen? soll der Bürger nur nach Christenpflicht Gerechtigkeit und Milde üben, der Staat aber wie ein reißend Thier Alles niederschlagen, was seine Tatze nur erreicht? soll der Gott des Himmels und der Erde nur ein Hausgott sein, das gemeine Wesen aber sich seinem Dienst entziehen? Nicht also! in Mitte deines Volkes herrsche sein Gesetz, und du sei nur seiner Diener Erster!

Nur wenn du Gottes Rechte achtest, gewinnst du Grund und Befugniß, deine eigenen von ihm abgeleiteten Regentenrechte gegen Alle und selbst gegen Solche zu vertheidigen, die sie in seinem Namen anzufechten sich gelüsten lassen möchten.

Erfülle darum getreulich die Concordate, die dein königlicher Vater mit dem Oberhaupt der Kirche abgeschlossen, und die er nie gegen die Willkühr seiner Minister und Beamten durchzusetzen vermocht. Dulde nicht, daß diese feierlich durch Königswort gewährten Uebereinkommnisse länger durch sogenannte organische Edikte in ihrer Erfüllung gehemmt und in ihrer Wirksamkeit entkräftet werden. Gestatte nicht, daß in Sachen der Kirche zweierlei Maaß und Gewicht in deinem Lande gelte, und wenn ein geistliches Gesetz der Kirche und den Gewissen Freiheit und Schutz zusagt, ein weltliches mit ihren Rechten und Ansprüchen sich in Widerspruch versetzt, und eigenmächtig das Gewährte ihr vorenthält. Ende endlich diese unaufhörlichen, immer wiederkehrenden Irrungen, dies verworrene Treiben, das mit sich selbst im Widerspruche, stets hin- und herüberwankt, und indem es den Samen des Mißtrauens und der Unzufriedenheit in alle Gemüther streut, dem bösen Willen jede Gelegenheit zu Vexationen und Gewaltthaten gewährt, und die Anordnung der kirchlichen Angelegenheiten unmöglich macht.

Befreie die Kirche von jener schmählichen Sklaverei, in der sie ein nichtiges Mißtrauen gefangen hält, das ihr bis zu den unbedeutendsten Thathandlungen hinab das placet der Polizeigewalt aufgedrungen. Lasse die weltliche Macht nirgendwo die Ausübung ihrer wesentlichen, organischen Verrichtungen hemmen, noch sie irgend in ihrem innerlichen Regenerationsgeschäft irren, am wenigsten da, wo sie ihr Disciplinarrecht zur Beförderung der Sittlichkeit ausübt. Dagegen wehre auch jedem Eifer, der über seine Gränzen tretend, den Frieden der Confessinen stören möchte; denn dieser Frieden ist durch feierliche Verträge gewährt, keinem Bekenntniß steht einiges Zwangsrecht über das andere zu, und gerade jenes, das durch die Mehrzahl vorherrschend ist, soll am sorglichsten vor möglichem Anstoß sich bewahren.

Ehre die Priesterschaft, damit das Volk sie höre, und ihr Unterricht ihm gedeihlich werde. Unter den achtbaren Männern, die auf deinen Bischofsstühlen sitzen, ist einer der Berufenen, der früher im Lehrfach mit Segen sich versucht. Er hat mit dem Geist der Zeit gerungen, in allen Formen, die er angenommen; vor dem Stolz des Wissens ist er nicht zurückgetreten, sondern hat seinen Ansprüchen auf den Grund gesehen; keiner Idee ist er furchtsam zur Seite ausgewichen, vor keiner Höhe des Forschens ist er bestürzt geworden, immer nur eine Stufe höher hat er besonnen und ruhig das Kreuz hinaufgetragen und, wenn auch bisweilen verkannt, in Einfalt und Liebe wie die Geister so die Herzen ihm bezwungen. Er hat eine Schule von Priestern dir erzogen, die den Forderungen der Zeit gerecht, deinen guten Absichten bereitwillig entgegenkommt; ihr darfst du dein Volk und seine Erziehung kühnlich anvertrauen; sie werden den Gott, den jene abrichtende,

dreſſirende Pädagogik aus ihr, ſo viel es thun=
lich war, vertrieben, wieder in ſeine Rechte
ſetzen, und der gute Same wird unter ihrer
Pflege ſich hundertfältig mehren.

„Wie die Rechte, ſo auch laſſe die Güter
der Kirche unangetaſtet, ſie ſind wie toloſani=
ſches Gold, deſſen Berührung durch ungerechte
Hände Unheil bringt;" alſo habe ich dem Sohne
zugerufen, denn es war ſo die Meinung des
Alterthums, von grauer Urzeit her den Enkeln
überliefert: aller Gott geweihte Beſitz ſei ein
heiliger Hort, durch einen furchtbaren Fluch
gefeſtet, der noch wahr werde, wenn der Frevel
längſt ſchon vorbeigegangen. Die Späteren
haben über dieſen Aberglauben ſich keck hinaus=
geſetzt, der Conſul hat das Gold entführt, es
hat ſich nichts gezeigt, als einige wenige Ver=
wirrung im Vaterlande, die, wenn wir nur
ſtarkmüthig beharren, wie eine leichte Unpäß=
lichkeit in wenigen Jahrhunderten vorübergeht.
Was auch Serneres erfolgen möge, ſage du
dich los für deinen Theil, und ſtatte, ſo viel
es die Umſtände vergönnen, die Kirche auf's

neue aus, wie die Concordate es angelobt,
damit sie auf sicherem Grunde befestigt stehe,
ein weithin schirmender Baum, auf eigener
Wurzel ruhend, und nicht wie eine lästige
Schmarotzerpflanze dem Staate blos eingeimpft.

Begünstige sie in aller Weise, daß sie die
ihr wesentlichen Institutionen, die der wilde
Zerstörungseifer der Zeit gebrochen, allmählich
wieder durch sich selbst ergänze, und gegen aberma-
lige Ausartung, so weit das thunlich ist in menschlichen Schöpfungen, befestige und bewahre.
Was wirklich durch sich selbst in eigener Hin-
fälligkeit abgestorben, das möge immerhin im
Grabe modern; nur das Scheintodte werde
wieder im Geist belebt, und zu neuer Wirksamkeit hervorgerufen. So wenig wie im Heere,
am Hofe und anderwärts, finde auch hier
unnütze Verschwendung eine Stätte; der Gemäch-
lichkeit, dem Müßiggange, der bloßen Versorgung
und Befriedigung privilegirter Ansprüche sollen
nicht wieder von Fett triefende Pfründen ge-
schaffen werden; doch dürfen die Begriffe jetziger
Zeit über das, was nütz und unnütz ist, in

solchen Dingen nicht ausschließlich als Maaß=
stab gelten. Mit ängstlicher Hast ist sie dem
Erwerbe und dem blos äußerlichen Leben hin=
gegeben; wie im Ameisenhaufen wimmelt Alles
in reger, unaufhörlicher Geschäftigkeit, unnütze
Lasten schleppend durcheinander; nur was
frühere Zeiten als das Wesentliche im Leben
angesehen, will als überflüssiger Luxus ihre
Emsigkeit bedünken, und sie sucht es in Al=
lem auf die strengste Nothdurft zu beschränken.
Aber selbst für diese strenge Nothdurft ist noch
in Deutschland weit nicht vorgesorgt; in tiefer
Armuth darbt es aller höheren Lebensgüter;
die Erndte ist groß, aber der Arbeiter sind
wenige.

So greife denn du in diesem Allen rasch
zum Werke, dein Reich soll nicht ein Reich der
Pfaffen oder Junker werden, nicht ein Schau=
platz prunkender Paraden, nicht eine Arena
verwegener Demagogen; nimm du den rechten
Brauch, und erbaue dir daraus dein Bayern,
um den Mißbrauch aber lasse sich die Thoren
zanken. Trachte nach Allem, was gut und

heilsam ist, und du wirst in der Macht des
Guten wirken, und Alles vollbringen, wozu
du gesendet bist. Besonnen sei der Rath, ent=
schlossen die That, und so wird Alles nach
Wunsch ausschlagen. Beginne mit Maaß, da=
mit dir nicht vor der Zeit die Kraft versage;
Viele schon haben mit gutem Eifer angefangen,
aber das Beharren war Wenigen verliehen.
Langsam hat die Zeit das allgemeine Siechthum
herbeigeführt, die Heilung kann nicht auf einen
Tag geschehen. Weniger gegen die Menschen,
als gegen die Grundsätze wolle deinen Eifer
richten; der Jrrthum ist Aller Loos, schone
darum den Unfreiwilligen, wo er dich auf
deinen Wegen hemmt, nur die Verhärtung und
die Bosheit strafe.

Lasse dich durch die Schwierigkeiten nicht
erschrecken, die deinem guten Willen sich ent=
gegensetzen. Jch sehe unter Bayern den Ab=
grund in geschäftiger Thätigkeit sich rühren,
und dunkle Gestalten in den Finsternissen in
emsiger Hast zusammenlaufen; sie fühlen, daß,
was oben geschehen soll, ihr Reich beeinträchtigt

und ihre Macht bedroht, und sinnen nun auf Rath, die drohende Gefahr von ihren Häuptern abzuwenden. List und Trug werden sie dir entgegensetzen, mit Lügen auf allen deinen Wegen dich umgarnen, den Spott werden sie waffnen gegen dich, und alle falschen Sophistenkünste, alle Hemmungen werden sie entgegenwälzen, und in Wege ohne Ausgang dich verwikeln, damit du ermüdest im wohlbegonnenen Werke, und damit sie dich selbst gegen dich selbst bewaffnen mögen, wird keine deiner Schwächen ihrem spähenden Auge entgehen. Lasse du dich aber nicht abhalten durch Alles, was sie von ihren Künsten gegen deine Absichten in Bewegung setzen; Gott ist bei dir, so du aufrichtigen Herzens ohne Falsch seine Zwecke förderst, und vor ihm wird jeder Spuk der Hölle in Dunst zerrinnen.

Verschließe daher vor Allem dein Ohr jener scheußlichen Schmeichelei, an deren feilen Tönen von jener Gegend her alle Wohlgesinnten so oft schon Aergerniß genommen, und lasse dich von jenem lauten Trommetenschalle nicht gewinnen, mit dem sie Alles, was ihren Absichten fröhnt, begünstigen. Wer Gutes will, geht nur mit Gott und seinem Gewissen zu Gericht, und er weiß, hat er vor diesem Richter wohl bestanden, daß Alle, die in derselben Gesinnung wirken und handeln, in der Gemeinschaft des Guten mit ihm einträchtig sind, und so darf ihn nach dem zufälligen Beifall der Menge nicht gelüsten. „Es ist königlich, Gutes zu thun, wenn es auch schlimm gedeutet wird."

Und so habe ich denn in deines Herzens Geist und Empfindung, und in dir zum Vaterland geredet, wohlwissend, daß du des Spruches kundig: „Wem viel anvertraut ist, von dem wird auch viel gefordert," noch in eigenem Antrieb, und nach dem Rathe weiser Männer, Größeres vollbringen wirst, als du zu geloben unternimmst. Ob viele Jahre dir vergönnt sein mögen, ob wenige, nach des menschlichen Lebens Unsicherheit, wandle immer mit gleich besonnener Rüstigkeit auf deiner Bahn und vollende, wie du angefangen. Deine Thaten

werden dann, vollführend, was dein königlicher
Vater bezweckt, ihm folgen in jene Welt zur
Sühne für das, was er hienieden in menschlicher
Sehle wohl geirrt; dir selber wirst du ein fried=
lich Regiment mitten in der verworrenen Zeit
bereiten, und deinem Nachfolger im Segen
deines Volkes das reichste Erbe hinterlassen.